はじめに

　この本は、書籍「春畑セロリの妄想ピアノ部日記」でご紹介した、ユニークな大人の部活"妄想ピアノ部"の活動のひとコマを楽譜にしたものです。先に発刊となった楽譜「妄想ピアノ部 つまみぐい」の中で特に好評だった、"ワンミニッツ・ステージ"のコーナーを大幅に拡大して、18曲の連弾曲集にしました。

　ピアノがあまり弾けない新入部員も、プロ級に上手な神部員も、みんなで一緒にピアノで遊べるように、誰もが知っている名曲を1分で終わるような短い連弾曲に……、しかも、斬新すぎず、マンネリすぎず、ちょっとだけ攻めた楽しいアレンジで仕上げてあります。

　プリモは、楽譜が読めなくても、うろ覚えでも、探り弾きでも、どんな指づかいでもOK！ とにかく音にしてしまいましょう。ちょっと腕に自信のある先輩がセコンドを担当して、優しくセンスよく寄り添ってくれます。どんなコンビでも、親友でも、夫婦でも、親子でも、師弟でも、初対面でも、30年ぶりでも、ケンカ中でも、お互いにいい音を聴き合って、音楽を分かち合ってください。

　趣味の世界ばかりでなく、体験レッスン、イベント、コンサート、練習の合間の息抜きなどにも役立ててくださいね。大切なのは、音が正しいかどうかより、歌心があるかどうか、リズムを楽しめているかどうか、お互いが刺激しあっているかどうか、笑い合っているかどうかです。どうぞ、たった1分の素敵なひとときをお過ごしください。

春畑セロリ

Contents

- 故郷 …………………………………………………… 4
- ハッピー・バースデー・トゥー・ユー ………………… 6
- 夏の思い出 ……………………………………………… 8
- まっかな秋 ……………………………………………… 10
- 雪 ………………………………………………………… 12
- さくらさくら …………………………………………… 14
- アメイジング・グレース ……………………………… 16
- 茶色のこびん …………………………………………… 18
- 草競馬 …………………………………………………… 20
- さんぽ …………………………………………………… 22
- ロンドンデリーの歌 …………………………………… 24
- ラ・バンバ ……………………………………………… 26
- 凱旋行進曲 オペラ「アイーダ」より ………………… 28
- 大きな古時計 …………………………………………… 30
- 見上げてごらん夜の星を ……………………………… 33
- 翼をください …………………………………………… 36
- 君をのせて ……………………………………………… 39
- やさしさに包まれたなら ……………………………… 44

♪ 故郷

作曲：岡野貞一　編曲：春畑セロリ

ツボをチェック！

語り継ぎたい日本の歌の代表曲として幅広い年代に愛唱されている「故郷」。かの山、かの川に寄せて巡る夢のような想いになぞらえて、原作よりさらにリリカルに、さらに幻想的に弾いてみませんか。少しだけ個性的な和音になっていますが、攻めた演奏にしないで、ふわーっと、さらーっと、夢のようにとろけてください。ひとつだけ音が低く跳ぶところに注意。しかもここは二人の演奏位置が近いのでケンカしないように！

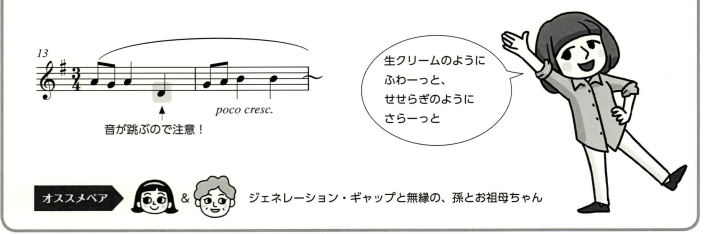

♪ ハッピー・バースデー・トゥ・ユー

作曲：P. S. ヒル　編曲：春畑セロリ

ツボをチェック！

　毎日かならず、どこかで歌われているこの歌。心地よいノリに身をゆだねて、ゆったりとお祝いの気持ちを分かちあってください。2コーラス目は1オクターヴ高くして、可愛らしく弾きましょう。小さな弟にバトンタッチしてもいいですね！ 8、9小節は、フェルマータを書く代わりに拍を増やしています。メロディをのばしすぎると伴奏がにごってしまうので、じょうずに休符を入れてくださいね。セコンドは要所要所でペダルをうまく使って!!

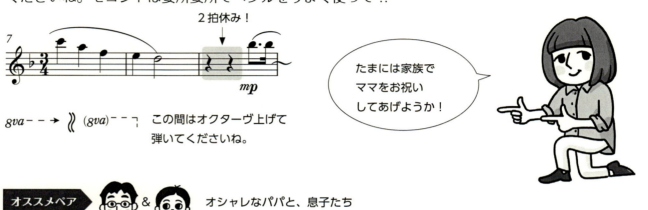

オススメペア　オシャレなパパと、息子たち

♪ 夏の思い出

作曲：中田喜直　編曲：春畑セロリ

ツボをチェック！

　大切な思い出の場所、大切な思い出の季節って、誰にでもありますよね。託す思いが同じなら、テンポも強弱も分かちあえるはず。でも、思い出を共有していなくても、音を頼りに寄り添うことができるのが音楽の素敵なところです。原曲とは伴奏のニュアンスがちがいます。簡単だ！ と思ってイントロを速く弾きすぎないように。ゆっくりとていねいにメロディを迎え入れてあげてください。

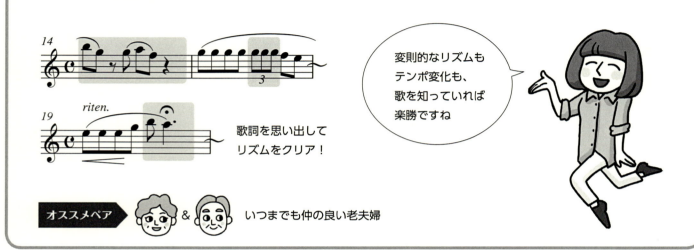

♪ まっかな秋

作曲：小林秀雄　編曲：春畑セロリ

ツボをチェック！

　クラスメートと声をそろえて歌いませんでしたか？ それをピアノで再現しましょう。音がたくさん跳ぶし、音域が広いので、メロディを両手に分けて弾いてもいいですね。一応、分ける目安を楽譜に入れてみました（下に棒のついた音符は左手、上に棒のついた音符は右手）。でも、この通りである必要はありません。弾きやすいように自己流で工夫してみてください。伴奏は少しむずかしいので、上級生に弾いてもらおうかな。

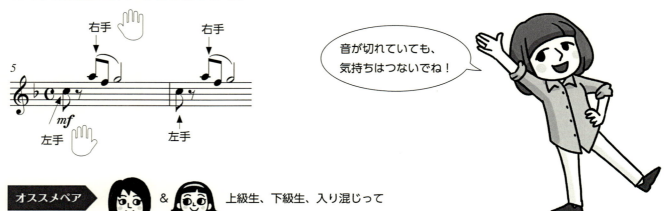

音が切れていても、気持ちはつないでね！

オススメペア　　& 上級生、下級生、入り混じって

♪ 雪

文部省唱歌　編曲：春畑セロリ

ツボをチェック！

　寒さとはトンと縁がなさそうなラテンのノリで、雪を降らせてしまいましょう！ セコンドの2拍目のベースに少し重みを置くのは、ちょっとだけサンバ風です。速すぎず、でも、明るく元気に。いっそ、雪だるまにカラフルなヒラヒラの羽をつけて踊るのはいかが？ メロディは、付点のリズムをノリよく楽しむのがコツです。

コスプレ、ダンス、大歓迎！

ノリを楽しむ！

オススメペア　陽気な父と、雪合戦好きな末っ子

雪も溶けるくらい明るく (♩≒76)

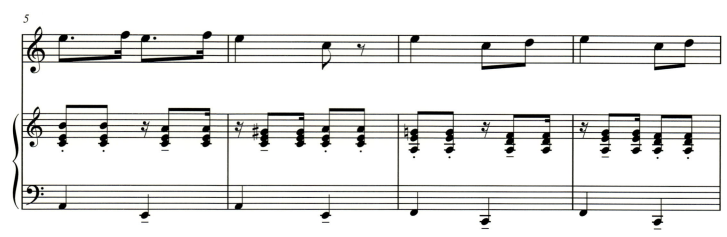

♪ さくらさくら

日本古謡　編曲：春畑セロリ

ツボをチェック！

　ここまでで、夏→秋→冬のナンバーが出そろいましたので、春の曲もお送りしましょう。といっても、目先を変えて「さくらさくら」をスウィング・バージョンで楽しむという趣向はいかがでしょうか。8分音符を「ターカターカ」と少しルーズに刻みます。プリモの人にとっては、ちょっと目新しい体験かもしれませんね。でも、あまり深く考えず、セコンドのノリに乗っかってしまえば、自然にリズムを楽しめますよ！

オススメペア　かっこいいお嫁さんと、かっこいいお姑さん

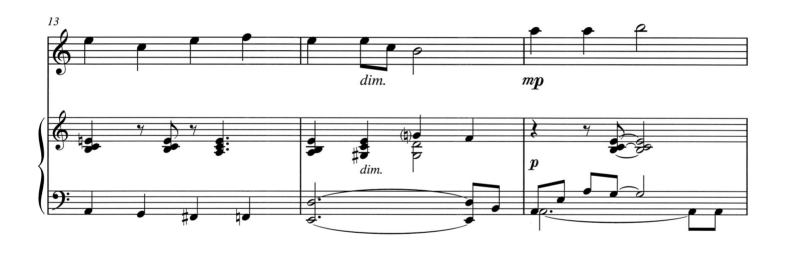

15

♪ アメイジング・グレース

Traditional　編曲：春畑セロリ

ツボをチェック！

　宗教的な意味合いの濃い曲ではありますが、その枠を超えて、世界中で愛唱されていますね。なじみ深いメロディなので、アウフタクトや3連符に慣れれば、苦労なく音にできるのではないでしょうか。シンプルなメロディでも、ゴスペル・シンガーのように静かな情熱を込めて弾いてください。ロックが好きなお兄さんにも、たまにはピアノを弾いてもらいたいですねぇ。

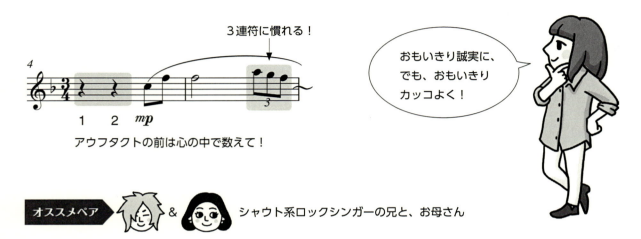

おもいきり誠実に、でも、おもいきりカッコよく！

オススメペア　シャウト系ロックシンガーの兄と、お母さん

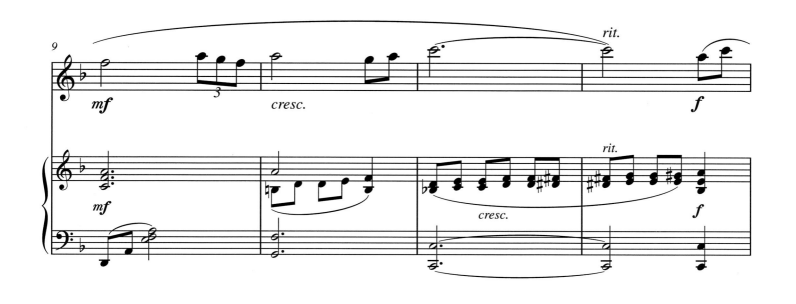

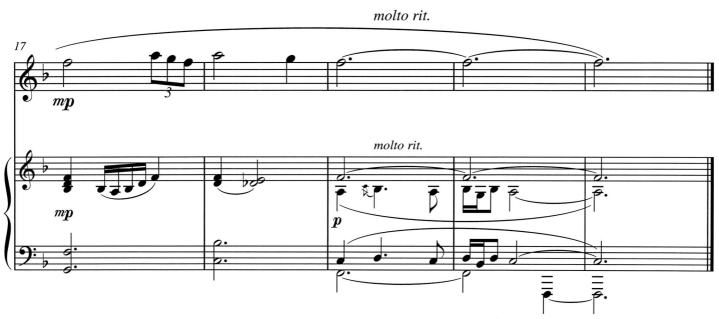

♪ 茶色のこびん

作曲：J. E. ウィナー　編曲：春畑セロリ

ツボをチェック！

古き良きアメリカの酒場の歌だそうですが、グレン・ミラー楽団がヒットさせて以来、スタンダード・ナンバーとしても定着しました。民謡風のシンプルな楽曲としても、またCMなどではスウィングのご機嫌なナンバーとしても耳になじみがありますね。そこで、メロディはごくシンプルなバージョン、伴奏はスウィングのノリという、折衷案で仕立てました。ディテールがちがってもかまいませんから、楽しんでください！

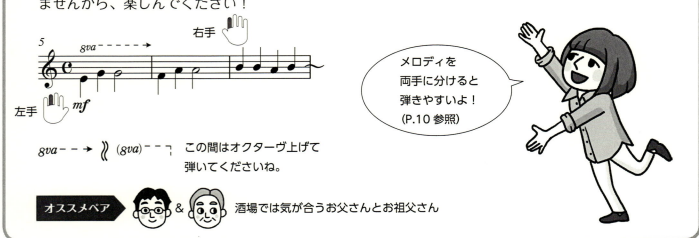

メロディを両手に分けると弾きやすいよ！
（P.10 参照）

この間はオクターヴ上げて弾いてくださいね。

オススメペア　酒場では気が合うお父さんとお祖父さん

軽快に、田舎の酒場な感じで（♩≒138　♫ ＝ ♩³♪）

♪ 草競馬

作曲：S.C.フォスター　編曲：春畑セロリ

ツボをチェック！

たまには、プリモさんも大譜表の両手にチャレンジしましょう！　といっても、左手にはドとソしか出てこないので、楽勝ですよね。左手がビート感をキープしてくれます。逆に、左手のキープがなくなる13小節からリズムが乱れてしまわないように、付点や左手の8分休符をしっかりビートに乗せてください。プリモの左手とセコンドの右手が接触事故を起こさないように！

♪ さんぽ

作曲：久石 譲　編曲：春畑セロリ

ツボをチェック！

こどもっぽくなりがちなこの曲に、ちょっと風変わりな伴奏をつけてみました。大人の余興にぴったり⁉ 次の拍へタイがつながってシンコペーションになったりして（こういうのを「食う」リズムといいます）、見た目は複雑ですが、歌を知っていれば心配いりませんよね。ひと味ちがう"散歩"、胸を張って、こどもたちに聴かせてあげてください。

♪ ロンドンデリーの歌

Traditional　編曲：春畑セロリ

ツボをチェック！

「ダニー・ボーイ」のタイトルでも知られる、アイルランド民謡の名曲。ペダルをたっぷり使って（しかし、メロディで音がにごらないように足で微妙なサジを加減しながら）、想いを寄せ合って、しっとりと歌いあげてください。後半は音が高くなりますが、♩となるクライマックスも温かい音で優しく！⌒からのリカバリーは、しっかりと息を合わせてくださいね。

♪ ラ・バンバ

Traditional　編曲：春畑セロリ

ツボをチェック！

元はメキシコ発祥のラテン・ナンバーですが、50年代、ロックンロールにアレンジされて大人気、さらにカバー・バージョンも大ヒットして、世界的に広まりました。カリブ海にしろ、アメリカン・フィフティーズにしろ、ボーイズ＆ガールズの粋なダンスが目に浮かびますね。そこで、わかりやすい8ビートを基本にしながらも、少しだけラテンの香りも忍ばせました。サビはだんだん音が増えて盛り上がりますよ！

得意な人は、ぜひ振り付けも考えて！

オススメペア　高校生カップルまたは熟年カップル?!

♪ 凱旋行進曲 オペラ「アイーダ」より

作曲：G. ヴェルディ　編曲：春畑セロリ

ツボをチェック！

　サッカー好きには堪えられないおなじみの応援チューンですね。ヴェルディの壮大なオペラ「アイーダ」より、まずは凱旋の合唱。気高く感動的です。そしてトランペットで誇り高く奏でられる行進曲。この雰囲気をピアノで表すのは無理といえば無理なのですが、そこは弾く人も聴く人も、妄想力でカバーして、ピッチに立った気分になってください。冒頭の16分音符はあわてずに！

強い音も叩きつけず、深みのあるいい音で

オススメペア　スポーツマンシップあふれるサッカー少年兄弟で

28

♪ 大きな古時計

作曲：H. C. ワーク　編曲：春畑セロリ

ツボをチェック！

アメリカで生まれたこの曲、NHK「みんなのうた」で紹介されて以来、日本でも童謡としてすっかり定着しました。平井堅さんの歌唱でヒットチャートに上ったのも記憶に残りますね。今回のメロディの譜割は、英語の原曲ではなく、日本でおなじみになった邦訳詞に準じています。中盤、音域が高くなるところは、盛り上げずに、あえて弱音で演奏する設定にしましたので、アンサンブルを楽しんでください。

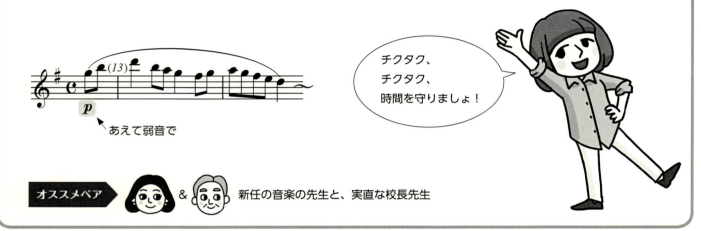

♪ 見上げてごらん夜の星を

作曲：いずみ たく　編曲：春畑セロリ

ツボをチェック！

　日本のポップス史に輝き、そしてまた今なお人々の心に残る名曲です。多くのアーティストのカバーや学校の教材などでは8ビートで歌われていますが、坂本九さんのテイストを再現するために、3連バラードのスタイルにしました。中間部はイーブンの8分音符となりますので、リズムを揃えてくださいね。音域の広さを両手でカバーしますが、音を途切らせずに、レガートで心地よく弾いてください。

ピアノでも、気持ちをこめれば歌いあげられるはず！

オススメペア　仕事に疲れた営業部長と経理課長

小さな幸せをかみしめながら (♩≒80)

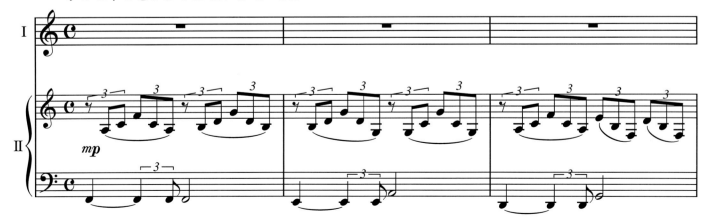

♪ 翼をください

作曲：村井邦彦　編曲：春畑セロリ

ツボをチェック！

昔なつかしいフォークグループ「赤い鳥」のヒット曲。大人にとっては青春の思い出の1曲ですが、1970年代に教科書に掲載されてからは子どもたちにもおなじみの合唱曲となりました。時代を超えて歌い継がれる名曲です。ツボは、ハ長調でもファにシャープがつくところ。黒鍵にしっかり着地してください！ そして、サビ。「♪この　おおぞらーにー」の「ぞらーに」がシンコペーションのリズムですから、パリッときまるとかっこいいですね。

オススメペア　優しい伴奏の娘と、青春をなつかしむパパと

♪ 君をのせて

作曲：久石 譲　編曲：春畑セロリ

ツボをチェック！

ジブリ映画の金字塔「天空の城ラピュタ」より、ジブリ主題歌の金字塔「君をのせて」。ワンミニッツにしては少し大作ですが、心を空に飛ばして、繊細に、しかしドラマチックに歌いあげてください。サビでは、高音の音色が細く、あるいは鋭くなりすぎないように、部分的にオクターヴ下を補います。両手で、のびやかな *f* を演出してください。セコンドは、上手にペダルを使ってくださいね。

過去と未来に
想いをはせて！

オススメペア　勇敢な少年少女ペアで

♪ やさしさに包まれたなら

作曲：荒井由実　編曲：春畑セロリ

ツボをチェック！

　ユーミンの往年のヒット曲として、たくさんのアーティストのカバー曲として、そして映画「魔女の宅急便」のエンディング・テーマとしても、多くの人々に愛されている曲です。スピード感をもって駆け抜けるのもよし、あえてテンポを落として、しみじみとしたバラードとして弾くのもよし。また、メロディのリズムも、その時々で自由に歌い回してくださってよいと思います。きっと走馬燈のように青春が通り過ぎるでしょう。

爽快に弾くのも情感こめて弾くのも、あなた次第！

オススメペア　どなたでも。キキとジジのコスプレも?!

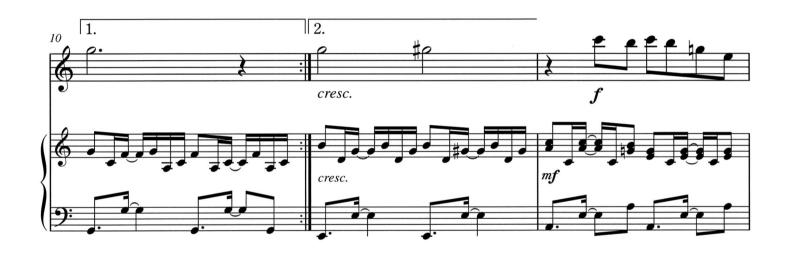

Profile

春畑セロリ

作曲家。東京藝術大学卒。鎌倉生まれ、横浜育ち。

舞台、映像、イベント、出版のための音楽制作、作編曲、演奏、執筆、音楽プロデュースなどで活動中。お気楽者でワガママ者。がんばり屋でナマケ者。凝り性でソコツ者。好奇心旺盛、放浪癖あり。

主な著作に、ピアノ曲集「ひなげし通りのピム」、書籍「春畑セロリの妄想ピアノ部日記」、ピアノ曲集「春畑セロリの妄想ピアノ部つまみぐい」「春畑セロリの妄想ピアノ部ワンミニッツ連弾」(以上、カワイ出版)、「ポポリラ・ポポトリンカの約束」「ぶらぶ〜らの地図」(以上、全音楽譜出版社／日本コロムビア)、「ゼツメツキグシュノオト」「オヤツ探険隊」「空をさわりたい」「できるかな ひけるかなシリーズ」「連弾パーティー・シリーズ」「きまぐれんだんシリーズ」(以上、音楽之友社)、児童合唱曲「キャプテン・ロンリーハート」「雨の樹のドラゴン」ほか (教育芸術社)。書籍「白菜教授のミッドナイト音楽大学」(あおぞら音楽社)、「ピアノのお悩み解決クリニック(全6巻)」(ヤマハミュージックエンタテインメントホールディングス) などがある。

http://www.trigo.co.jp/celeri/

ピアノ連弾

春畑セロリの妄想ピアノ部 ワンミニッツ連弾

発行日● 2019 年 9 月 1 日　第 1 刷発行	編　曲●春畑セロリ
2025 年 8 月 1 日　第 17 刷発行	発行所●カワイ出版（株式会社 全音楽譜出版社 カワイ出版部） 〒161-0034 東京都新宿区上落合 2-13-3　TEL.03-3227-6286　FAX.03-3227-6296
	DTP / 浄書●ホッタガクフ
	印刷 / 製本●大日本印刷株式会社
イラスト・デザイン●村野千草（有限会社中野商店）	© 2019 by edition KAWAI, a division of Zen-On Music Co., Ltd.
	日本音楽著作権協会(出)許諾第 1908716-517 号

本書よりの転載はお断りします。
落丁・乱丁本はお取り替え致します。
本書のデザインや仕様は予告なく変更される場合がございます。

ISBN978-4-7609-0659-8

シリーズ商品のご案内
春畑セロリの 妄想ピアノ部

作曲家・春畑セロリが始めたプロ・アマ・素人混在のゆる～い集まり、ピアノへの妄想があれば誰でも参加OKの名付けて『妄想ピアノ部』。音楽への様々な想いを持った、多種多様な大人たちは超ユニークで超キュ～ト。そんな大人たちを通して春畑セロリが見つけた音楽の本当の面白さとは！？

書籍

春畑セロリの 妄想ピアノ部日記
超キュ～トな大人たち

2011年から2017年に掛け、春畑セロリがピアノ愛好者向け雑誌へ連載したコラムをまとめた一冊。大人が音楽を楽しむためのヒント、音楽から幸せを得るヒント、指導者のみなさんが多様な生徒さんを導いていくヒントが盛りだくさん!!
今日からあなたも妄想ピアノ部員！

著者：春畑セロリ
四六判／160頁／ISBN978-4-7609-5024-9

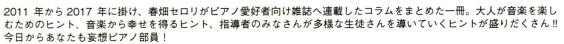

ピアノソロ・連弾

春畑セロリの 妄想ピアノ部 つまみぐい
初心者からプロまで一緒に楽しめる

書籍『春畑セロリの 妄想ピアノ部日記』の姉妹編となるピアノ曲集です。
春畑セロリが妄想ピアノ部員のために作・編曲した楽譜を集めて、美味しいところを"つまみぐい"。
フッと笑えて肩の力が抜けるソロ曲あり。初心者も積極的に参加できる、妄想ピアノ部連弾曲あり。弾く人も、聴く人も一緒に楽しめるクイズ形式の楽曲あり。ピアノ初心者からプロまで一緒に楽しめる。
愉快なイラストも盛り込まれ、楽譜が読めない部員も楽しめる内容！

作・編曲：春畑セロリ
菊倍判／32頁／グレード：初～中級／ISBN978-4-7609-0654-3

ピアノ連弾

春畑セロリの 妄想ピアノ部 ツーミニッツ連弾
ビギナーと先生、家族も一緒に楽しめる

ビギナーでも小粋に上級者との連弾で音楽を楽しもう！
ビギナーも音楽交流するために考案された「妄想ピアノ部連弾」シリーズ第2弾。
ツーミニッツ（2分前後）で演奏できる弾き応えと気軽さを兼ね備えた一冊！
生徒とのレッスンでのコミュニケーションや、ピアノ教室の生徒募集体験用はもちろん、おうち時間を楽しむためにも最適！先生・生徒、家族みんなで遊べる、使える、オリジナル曲も盛り込んだオススメのピアノ連弾曲集！

作・編曲：春畑セロリ
菊倍判／48頁／グレード：Ⅰ初級 Ⅱ中級／ISBN978-4-7609-0669-7

携帯サイトはこちら▶

出版情報＆ショッピング **カワイ出版ONLINE** http://editionkawai.jp